Wolfgang Meyer

Il tuo cammino dopo la morte

La mia missione dal mondo spirituale

Prima Parte

Wolfgang Meyer

Il tuo cammino dopo la morte

La mia missione dal mondo spirituale

Prima Parte

Traduzione dal tedesco a cura di Claus- Dieter Möller

Wolfgang Meyer, Partenheim, 2016
Tutti i diritti appartengono all'autore
ISBN 978-3-7412-2459-1
Produzione e Publishing: BoD-Books on Demand, Norderstedt

Ascolta la gente,
Così sei come una goccia nel mare,
Ascolta il fruscìo del vento,
Così sei una parte del tempo,
Ascolta i saggi,
Così sei come un lago che si specchia,
Ascolta il tuo cuore,
Così cominci a vivere.

Sommario

Capitolo I
(Il cammino)

Introduzione   1
Il principio   3

Capitolo II
(I livelli dello sviluppo)

L'enigma dell'eternità   14
Il provvisorio della elaborazione   21
Il livello dell'illusione   25
Voglie, attitudini   29
Coscienza   31
Il livello del colore   37
La prima lente   41
Il livello delle fiamme   44
Il livello della ragione   48
Alla riva del mare della creazione   50

Capitolo III
(Temi singoli)

Libera decisione   52
Il potere di ricordare   55
Il grande ricordo   59
Funzione di azioni nervose- spirituali   61
Lo stato di sonno   64
Giusto e spagliato   66
La salute del corpo   68
Reincarnazione   71
Pensieri generali sulla vita   74

Epilogo

Introduzione

E' proprio una lunga storia come sono stato ispirato di scrivere questo libro. Esso è stato indotto però da un ordine dal mondo spirituale. Specialmente da parte del mio insegnante spirituale El Morya*, che mi ha spinto a scrivere quest'opera.
Partendo dalle esperienze accumulate di vite precedenti, ma anche di tante altre di questa vita, mi ha convinto ad avvicinare il mio sapere agli altri in una forma comprensibile e con le espressioni del linguaggio d'oggi. Non era tanto facile per me perché per un lavoro simile ho dovuto finire la mia vita nel medio evo al Tower di Londra.
I tempi cambiano e l'umanità ha sempre bisogno d'informazioni sulle leggi spirituali e connessioni, quali non cambiano ed aspettano il prossimo per aiutare a crescere e per coscienza.
L'esperienza delle strutture interne sull'essere spirituale è nello stesso tempo la chiave per la crescita in me e questo ha da fare qualcosa con formazione. Nel senso se io imprimo una forma rigida in un materiale morbido, il risultato rimane come forma riflessa nel materiale morbido. Questo è in forma molto semplificata il modo come sono tramandati e vissute strutture spirituali. Questa matrix (il film cinematografico omonimo, dimostra molto bene questa impressione nei tempi d'oggi) deve essere vissuta.
Non si può soltanto raccontare….
Mi sto già inoltrando al tema e non voglio fare il secondo passo prima del primo.

*spiegazione a pagina 6

Il principio

Tutto è cominciato con un libro di Arthur Ford, che mi è capitato tra le mani in quei modi casuali che segnano poi tutta la nostra vita. Ho trovato questo libro a casa di mia madre, un bel giorno in mezzo ad un tavolo. Il titolo m'incuriosì subito e domandai se potevo leggerlo. (Me lo regalò subito). Sulla copertura bianca del libro era scritto in grande " **Racconto della vita dopo la morte** ". Già il tema mi interessava da subito.
Una vita dopo la morte….?
Fino a quel momento credevo che quando il grande interruttore della vita si chiudeva definitivamente, seguiva soltanto un gran vuoto buio. Ma poi questa! Nel mio interno avvertii una scossa, il risultato di curiosità e sorpresa.
In breve, non avevo letto questo libro, l'ho divorato. Tutto mi impressionava e mi cambiava. Tutto nella mia vita si metteva in movimento in un certo senso. Mi sentivo scosso tra meraviglia e disgusto. (Questo disgusto deve provenire certamente da altre esperienze fatte nei grigiori dei tempi).
Da allora divoravo centinaia di libri su spiriti, spiritismo, ipnosi, parapsicologia e tutto quello che aveva da fare con questa direzione.

Sempre di più veniva la conoscenza dal mio interno che esisteva di più e mi era offerto un puzzle dopo l'altro che seguivo assetato di voglia di sapere, sempre nella speranza di scoprire di più sulla vita e su di me, che doveva, sotto l'aspetto di una vita dopo la morte, avere tutta un'altra.
portata. Tutta la responsabilità dell'umanità nel confronto della vita avrebbe allora altre prospettive e punti focali.
Sapevo di altre vite e altri fatti, mi trovavo in luoghi di posti famosi nella storia, che avvertii dal mio interno che avevo partecipato e sentivo uno scuotimento e un brivido che non avevo mai sentito prima in quest'intensità. Di colpo capii quando qualcuno dice: " Conosco questo posto, ci sono già stato.", e questo in luoghi che nella vita sarebbero stati impossibili di averli visitati.
Così crescevano le mie esperienze ed anche lo spettro delle mie conoscenze, quando venivo in contatto di cose nuove, che, in effetti, mi erano già comuni. Davo a questo soltanto poca importanza.
Iniziavo a redigere le mie esperienze in modo "ingenuo" si direbbe oggigiorno, per non perdere questi pensieri ed impressioni. Poi quest'attività si fermò per molto tempo e la vita quotidiana per il guadagno del pane ed i doveri terrestri m'imprigionavano. La scrittura aveva una fine. Nel mio interno l'irrequietezza però continuava e mi occupai di diverse religioni, mi sono associai una volta ad una colorata filosoficamente, per poi venire a sapere che sono qualcosa come un cercatore.

Dopo un po' di tempo questi tentativi in quella direzione si addormentavano e mi allontanai dalla parte terrestre di questo gruppo, sapendo che le appartenenze spirituali c'ispiravano a sempre nuove attività ed il mondo spirituale non ci negavano mai.

Così un giorno un'amica mi raccontava di un "Channel". Inoltre mi raccontava che ognuno di noi apparteneva a certi gruppi e che esisteva una gerarchia, che i capi a certi livelli sono chiamati " maestri elevati " sempre in contatto continuo con noi e ci insegnano durante tutta la nostra vita e le nostre esperienze. Da quest'amica mi erano spiegate le sette correnti spirituali della forza divina e la formazione di gruppi. La mia curiosità, ma anche soltanto il voler sapere, a quale di questi gruppi potei appartenere, mi portò a fissare un appuntamento con questo Channel.

Per curiosità mi misi con un pendolo stellare per trovare per me e mia moglie i colori d'appartenenza. Il risultato fu blu per me e rosa per mia moglie.

Adesso ero incuriosito cosa risultava dalla visita dal Channel. L'appuntamento mi era concesso in breve tempo e già all'entrata della sua casa ero informato che appartenevo al raggio blu* del maestro El Morya. (Il pendolo aveva funzionato, e più tardi anche mia moglie da un appuntamento con lo stesso Channel era informata senza alcun accenno prima, di appartenere al raggio divino rosa.

* raggio blu
Il mondo spirituale si divide in diversi reparti d'attività, quali sono suddivisi da noi con le forme visive da noi possibile di captare, paragonabile con l'arcobaleno che comprende tutti i colori riflessi della luce a noi visibile. Si suddividono secondo la frequenza 7 raggi principali con le loro caratteristiche. Qui la suddivisione con le caratteristiche in forma breve: ognuno di noi appartiene ad uno di questi raggi e si può riconoscere nell'elenco delle caratteristiche, conserva però anche parte degli altri. Sarebbero:

* blu (1° raggio) volontà divina, protezione, potere	El Morya
* giallo oro (2° raggio) illuminazione, saggezza	Confucio
* rosa (3° raggio) tolleranza, umanità, libertà	Rowena
* bianco (4° raggio) disciplina, purezza, chiarezza	Serapis Bey
* verde (5° raggio) concentrazione, verità	Hillarion
* roso rubino (6° raggio) pace, guarigione, servire	Nada
* violetto (7° raggio) trasformazione	St. Germain

Questi raggi saranno ampliati di altri 5 e in futuro con l'umanità in crescita spirituale a causa dell'aumento della frequenza e della raffinazione, così saranno rivelati i 12 raggi.

El Morya mi salutava da subito nella prima seduta con questo Channel. Mi raccontava della mia discesa dall'unità divina in questa vita come personalità e delle prospettive ed esperienze da acquisire che accompagneranno il mio futuro cammino. Da quel momento mi era somministrato goccia a goccia la conoscenza del mondo spirituale, per esempio su quegli eventi che noi chiamiamo così facilmente casualità. Sempre però con l'aspetto del riconoscimento.
Riconoscere è da portare sullo stesso piano dell'impressione all'inizio citata della forma, simile al calco di gesso di una chiave.

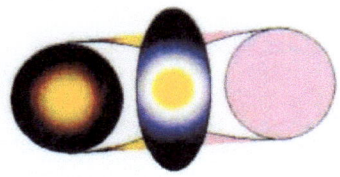

Così iniziò la mia attività come cosiddetto " operatore della luce ". La consapevolezza che pensieri erano cose e come questi più reali di quello che s'immagina, mi rinforzava di lavorare in gruppi. Le affermazioni prodotte insieme in questi gruppi (pensati o espressi) hanno un'efficacia maggiore nel settore spirituale che l'opera di un uomo solo.

(La forza spirituale di un singolo individuo si moltiplica immensamente quando si formano gruppi. La somma è di molte volte superiore che quando ognuno lo tenta singolarmente). I pensieri nel mondo ed il comportamento interpersonale, riconoscevo in parte spagliata. Con questo però per me il tema era concluso.

Era interessante di scoprire, che molte delle mie vite precedenti erano trascorse in Inghilterra, questo rendeva il paese per me interessante ma non necessariamente per tutta l'umanità.

La necessità di un cambiamento reale… anche a passi piccoli nel management del nostro mondo, in economia e politica, sarà un tema per un altro libro ancora da scrivere.

Questo tema è molto complesso e delicato, perché sono coinvolti strutture affermate ed intrecci di potere. Questo tema è molto importante perché comprende anche la possibilità di uno sviluppo che più in là si spiegherà ancora.

Adesso mi capitavano tra le mani anche i libri di un Channel femminile. Lei descriveva le strutture spirituali e lo sviluppo dell'umanità, dopo il passaggio, dal punto di vista del suo maestro. Offrendo anche agli altri di mettersi a contatto con il mondo spirituale (channeln n.d.trad.), vedevo una possibilità di sapere di più sul mio cammino in questa vita (in più perché i risultati con lei, sono secondo me, molto chiari). Un appuntamento fu fissato e mio amico e maestro El Morya si fece subito avanti. Mi raccontava dei libri che io avevo letto ed il gran patrimonio del sapere che era nel mio interno, e mi informava che la mia destinazione era di tradurre le parole lette dei vecchi libri inglesi e formulare con le mie parole del linguaggio di oggi la grande saggezza di questi testi.

Così cominciai con questo lavoro, dopo aver fatto amicizia con l'idea di essere adesso un autore di libri. Mi dedicai a questo nuovo compito. La vita umana è soltanto una parte di un ciclo a forma di spirale. Il segreto dell'altra parte, che, come si dice nella Bibbia, la casa del padre ha tante stanze, comprende tutte queste strutture dove si trovano l'anima umana ed i loro gruppi. Questa vita con tutte le sue cose ed esperienze sono la grande pentola, che descrivo all'inizio come matrix. Il riconoscere della via individuale per ognuno di noi è uno dei segreti e misteri dell'essere per se stesso.

Perché non siamo in grado nello stato di coscienza di ogni giorno (ad eccezioni di pochi illuminati) di vedere queste cose, ci lasciamo facilmente deviare dalla retta via. Il sapere di fatto, siano nuovi trovati scientifici o nuove idee, si trovano qui (si dice inventati). Si trovano qui tutte le cose come nella forma matrice. Non ha niente da fare con la libera scelta delle possibilità che ognuno di noi prende in possesso.

L'affermazione " da questa parte " e "aldilà" esprime già nel linguaggio che esistono per noi due stati dell'essere.

Perché l'uomo con il suo intelletto limitato (da questa parte) non è in grado di comprendere l'infinito con tutte le sue possibilità, si limita di singoli frammenti che dichiara come totale. Per la morte si è riservato nel linguaggio poi l'espressione " aldilà ", che sta per tutto quello che non è in grado di spiegare. Nel caso migliore riesce captare qualcosa dall'altra parte attraverso i Channels. Dalla fisica siamo a conoscenza dei vari stati d'aggregazione, che cambiano il materiale gassoso o solido a secondo del cambiamento della frequenza. Simile si comportano le forze e circostanze nelle altre forme d'esistenza. Il pensiero come prodotto finale di un processo chimico nel cervello, è soltanto l'espressione di una causa superiore che lo innesca. L'impulso creante che lo ha innescato è arrivato da un'altra dimensione, aldilà di una limitazione materiale. Cosi spiegano la matematica, come aiutante per forme e procedimenti, come relazioni tra i fattori, cosa è capitato ma non com'è stato creato.

La base è l'impulso creante sul livello più alto, che scendendo attraversando i modelli originali e subendo varie trasformazioni arriva a destinazione, in questo caso il cervello, come informazione geometrica. Se è ancora della sua purezza originaria, si parla d'intuizione. L'anima ci sembra intoccabile, incomprensibile fin quando ci troviamo ancora nel nostro corpo terrestre, nel caso migliore sembra un'ombra e così per molti esiste soltanto il relitto ecclesiastico, per tenere la gente " a bada " per fare leva sulla coscienza. Le sue proprietà creanti sarebbero meglio da ignorare perché se no, all'uomo potrebbe venire l'idea di sfruttare l'energia creante per se stesso per potersi sviluppare più presto e in direzione della coscienza divina.

Il segreto sta nella capacità della trasformazione della creazione di forme e colori dai pensieri e sensazioni, che all'inizio sembrano soltanto un insieme caotico di diversi modelli.

La vita è l'aiuto,
con la quale il tempo insegna,
per essere mobile nel immobile,
tutti i nostri sogni,
sono compensi dello stesso.
Il buono ed il cattivo sono
la colla di questo livello,
per essere deviato
dalla coscienza.
La luce arriva dalla fonte
alla terra.
Coscienza si sviluppa
se entrambi riconosciuti.
Così si illumina lo specchio
della nostra anima
e brilla nella luce, gonfia come la vela
nel vento nella quale si frange
così crescerai sei mio figlio

I giorni trascorrevano come al volo
Non tutti a tutti si possono affiancare
Anche l'uomini vanno e vengono
Non tutto il costruito rimane
Quando il tempo scappa dalle mani.
L'uomo si ricorda Dio quando
L'emergenza ed il dubbio ti mangiano
Non pensi come nei giorni di luce
Tutto il bello hai dimenticato
Qualche volta non è un peccato?
Le montagna stanno fermi, ti raccomandano
Silenziosi
Pazienza è il bisogno di quello che si vuole
Crescere deve tutto ma soprattutto il tuo Tu
Non ascoltarti ascolta " Lui ".

L'enigma dell'eternità

L'uomo da sempre si è chiesto sul " perché " dell'universo, una macchina gigantesca, casuale, elementare e non influenzabile in eccezione della forma. In questo gigante ordinamento sembra di non essere risposta al " perché ". Senza anima, fredda e vuota dentro di sé non indica una meta superiore. Una trama di creazione e distruzione. Trovandosi invece uno spirito dietro di tutto questo che crea se stesso esplorandosi e la materia sono soltanto lo specchio di una realtà superiore e porta subito ad un senso del tutto.

> Chiaro e scuro,
> sostanza, principio e spirito creativo
> forma e la sua fonte:
> Dio, il principio dell'unità.

Il " perché " si spiega dal flusso di luce divina dall'alto al basso. In ogni livello è decomposto in diversi raggi. Ogni singolo raggio, che decomposto attraverso molti livelli è un ritratto in miniatura dell'insieme. Perché come singolo raggio è parte in sé come nella decomposizione della luce da un prisma, percepisce quello che si potrebbe chiamare individualità. Visto così l'idea dell'ultima decomposizione è già contenuta nel principio.

Coniato dalle esperienze del livello più basso acquista dalla libera volontà una miscela per la quale infine si è deciso da solo. Deve soltanto imparare di maneggiare bene le strutture divine dei quali egli stesso è composto.
L'ultimo livello nel caso di ritorno d'impulso arriverebbe attraversando tutti i livelli di nuovo all'origine e creerebbe una totalmente diversa miscela (impronta) dell'originale.
La luce originale discendente arriva sempre nella sua forma originale all'ultima particella e la illumina con una parte della radiazione originale del principio.
Questa è indicata come raggio d'oro o luce di cristo e sta per il compasso. Intorno a questo è creato l'uomo nuovo come simile però " figlio " dell'originale, perché costretto di ritornare passo a passo per tutti i livelli crescendo individualmente ed autodidatta. Se il mistico parla adesso di Dio nell'uomo, commette un errore, perché egli era l'origine e non l'attuale situazione di sviluppo di ogni singolo individuo. In questo è compreso anche l'idea dell'intero universo e di tutti i mezzi dei quali si può servire l'uomo, il cosiddetto gesso per le forme. Per questo è un controsenso da parte del mistico di indicare una particella come il tutto anche se essa è una copia dell'intero.

Per questo lo stato embrionale dell'uomo nella sua fase iniziale dello sviluppo non può essere considerato né origine, né finale. Così ogni uomo passa tutte le esperienze che vuole con la meta della completezza che egli stesso non è ancora in grado di comprendere. Le sue limitazioni sono proporzionali allo stato di sviluppo raggiunto e sono così rigide per creare un universo nel piccolo come meta interna. Questo significa anche il duro cammino attraverso tutti le predestinazioni con la propria scelta, cosa faccio per prossimo, perché l'individualità è richiesta, se no, tutto è soltanto una ripetizione del processo. La saggezza raggiungerà ogni volta un grado più alto e diventerà quello che secondo la sua indicazione divina è intenzionato di raggiungere. Sono stati raggiunti tutti i livelli e fatto l'ultimo passo può diventare la somma di tutto questo divino e parte dell'intero. Tutte le gioie e tutti i dolori sono parte delle esperienze sul cammino di diventare umano. Così la parola potere avrà di nuovo il suo giusto significato, io faccio perché posso e per questo ho potere. Nella noncuranza della struttura predestinata viene a crearsi l'abuso di potere, qual è un'applicazione sbagliata d'energia divina e provoca un riflusso alla parte opposta della luce recandosi contro il provocatore. Rendendosi conto che riceve soltanto una piccola parte del pezzo intero della luce (amore) inizia con l'uso sbagliato d'energia divina a rubare questa dai suoi meno sviluppati confratelli. Non vuole lasciare la sua posizione, il suo potere e al contrario vorrebbe ancora " arraffare " di più.

Da queste ambizioni vengono poi facilmente provocati delle guerre. Questi individui evidentemente non sanno che si tagliano automaticamente la strada per l'ascesa in dimensioni più elevate, perché lo spirito di livello superiore lascia passare l'anima solo con il proprio patrimonio d'impronte ed energia per livelli superiori, e se lo renderanno conto troppo tardo, perché in quel momento inizia la vergogna per l'usurpatore, perché devono ripetere " la classe " addirittura iniziando dall'elementare e totalmente senza potere. Un'azione terribile che controbattono fino all'ultimo momento ed anche sino allo scioglimento.

Nella solitudine della notte dell'anima
La vita ha scritto un libro
Racconta di tanti fatti
Come cadde la mela dall'albero
Cerchi i tuoi sogni dentro
Vagando nelle tante stanze
Ognuna appartiene ad un'altra anima
Solo scegliendo la comprensione
Hai capito veramente
E parte un pezzo di buio della notte
Perché la piccola parola " io "
Non è scritta in ogni libro
Questa parola appartiene solo a uno
Solo a questo e nessun altro
Lo voglio trovare
Ma non funziona così, mio cuore
Racconta di un libro
Solo quello che trova la chiave
Non venderti come un libro
Porta solo alla tua rottura
Però la tua luce eterna
Non conosci ancora neanche tu

Le fasi dello sviluppo

Per capire come funziona questo sistema non osserviamo la via discendente nel livello materiale ma l'ascendente da questo.
La fase più bassa è il livello materiale, nel quale facciamo l'esperienza con la forma energetica e di frequenza più bassa esistente. Qui vive l'uomo nel suo corpo fisico nella materia così come la conosciamo. Soltanto le esperienze non sono legate soltanto al nostro pianeta. I corpi vibrano però su frequenza differente nelle regioni stellari diversi.

Si tratta dei seguenti gradini dei livelli di sviluppo:

 * Materia (Vivere di molte vite, sofferenza, gioia, voglie e prove da superare)

* Livello intermedio dell'elaborazione (qui si raccoglie il senso della vita con l'aiuto dell'io superiore nella luce dorata)

*Livello dell'illusione (qui si pensa un circondario simile a quello terrestre)

*Livello del colore (qui ha la prevalenza lo spirito non più i sensi)

*Livello della fiamma (primo collegamento parziale dell'unita di gruppo, esternamente figura come una fiamma)

*Livello della luce (unione col gruppo in luce bianca)

*Origine (allontanamento dall'universo materiale, membro come parte nella grand'orchestra divina).

Livello intermedio dell'elaborazione

Il defunto che ha lasciato da poco il suo corpo, vede allora il suo involucro e tutti gli amici e parenti. I due nastri d'argento che univano in vita la sua anima con la testa e l'intreccio del sole, adesso sono stati distaccati.
Adesso si trova proprio in quei luoghi ai quali pensa in quel momento, perché questa fase è dominata dalla volontà, oppure espresso in altre parole, dall'intenzione, la direzione, la meta.
Grande sarà la sua confusione se in vita negava questa possibilità o addirittura la escludeva. Come avrebbe voglia proprio adesso di comunicare ancora con i suoi cari amici e parenti viventi.
Il distacco dal corpo si completa in un paio di giorni. La sua vita trascorsa gli passa in retro proiezione come uno spettacolo tridimensionale.
Col aiuto del suo io superiore l'anima valuta la sua vita.
Nel momento dell'arrivo nell'aldilà dopo la morte, l'anima ha raggiunto una certa maturità, che parte dall'uomo animale, passa per l'uomo anima e può arrivare all'uomo spirito. Questa maturità sarà anche importante cosa gli succederà per il futuro (questa fase dell'elaborazione esiste per ogni livello per la via dell'ascesa …/ per es. tra illusione e colore ecc. / … ed ingloba tutta quella maturità raggiunta nei livelli precedenti).
La prima fase nell'arrivo dall'altra parte è una situazione di un dormiveglia come in un sogno.

Qui il cammino tra i vari mondi è rilassato e si raggiunge pace e raccoglimento interno (è ricaricato forza d'anima e spirituale).
Questa fase è influenzata dalla situazione generale dell'individuo. Per precisione si deve dire, dalla miscela della sua frequenza individuale, che deve essere elaborata come risultato delle sue impressioni che porta dalla sua vita trascorsa.
Già in questa fase gli spiriti superiori aiutano fortemente, per digerire, come si vuol dire, questo pasto ed integrarlo con l'insieme.

L'impressione o la matrice s'integra cosi con le altre esperienze modello dell'anima individuale e viene anche integrata con il modello dell'anima di gruppo.
L'individuo, o meglio tutti i suoi elementi sono accelerati fortemente, che porta all'impressione di disintegrarsi. In realtà questo porta soltanto alla sua espansione, durante la quale si trasforma nel suo corpo eterico per aspettare lo sviluppo generale, il quale non è ancora in grado di gestire da solo a causa della sua momentanea maturità insufficiente. Questa situazione è paragonabile con un bruco che si trasforma in crisalide, per po venire alla luce in veste totalmente diversa (che assomiglia al corpo fisico come struttura).
Come gli adulti che mettono ogni giorno i giocattoli nell'asilo in ordine, perché i bambini possano riprendere il giorno dopo di nuovo il processo d'apprendimento e gioco, così aiutano gli spiriti superiori per mettere in ordine il circondario dell'individuo in questa fase.

Un raggio di luce cadde dal cielo
E centrò una pietra
Si spezzò in due parti
Non volle essere solo
Allora gli inglobò l'acqua
Un buon vecchio amico
E gli unì nel suo corpo
Qualche volta
Così proseguono per la vita
E si tessano una canzone
Quando la cantano insieme
Sono come una cosa sola
Cosi tutta l'umanità prova
Di cantare in un coro
Fino a quando il grande creatore
Gli lascia venire su

Il livello dell'illusione

La seguente fase che si raggiunge in modo fluido, si potrebbe chiamare livello dell'illusione. Qui l'individuo sa un po' di più delle sue capacità di creare.
Lo spirito come principio superiore crea i piccoli vortici d'energia dall'energia della luce, quali sono le particelle più piccole del nostro universo. Dentro di questi è proiettato lo spirito. Così la percezione di questa sfera rotante nell'universo dipende dalla posizione e dalla frequenza dell'osservatore. Quando dopo la morte, l'individuo (l'uomo) si allontana da questo globo, non è in grado di percepire questo stato d'illusione e desidera facilmente di ritornare indietro allo stato terrestre. Le anime che sono in uno stato di sviluppo come nella prima infanzia, cercano continuamente di mettersi in contatto con la terra e farsi capire in qualunque modo. Si trovano come nel sogno e spiegano il loro stato. Naturalmente possono spiegare soltanto da quello stato che sono in grado di percepire. Durante questa fase infantile l'anima si trova nel suo corpo eterico quale gli è stato concesso dagli esseri superiori per la sua protezione. Il logoro circondario gli sembra assomigliante a quello terrestre ed è creato dai loro desideri. L'esperienze finora vissuti ed elaborati sono la colla, o l'ideale per la loro coscienza spirituale superiore, per creare il mondo circostante che l'individuo trova allora.

Perché in questa fase tutti gli eventi sono adoperati dagli angeli e dalla coscienza spirituale superiore, l'individuo ha l'impressione che si tratta di un mondo reale e non si riconosce ancora nelle sue possibilità di creare.
Tutto assomiglia al mondo di prima con l'eccezione che non esistono paure, stati di pena per la famiglia, il bisogno di guadagnarsi soldi per vivere sono inesistenti. Il corpo vive dalla luce, che proviene dalle sfere spirituali superiori.
Combattere e dolori a questo livello sono parole sconosciute. L'individuo vive qui tra 2 mondi, quale situazione uguale per tutti i livelli ancora da citare. Ogni individuo che arriva a questo livello ha suo stato di sviluppo spirituale proprio avrà di conseguenza esperienze diverse. Un uomo qualunque sarà anche in questo livello un uomo qualunque.
Perché deve essere automaticamente un cambiamento radicale in questo mondo delle immensamente rafforzate potenze di percezione e d'anima?
Senza un circondario abituale l'individuo (l'uomo) sarebbe disorientato, per questo gli esseri spirituali superiori già citati proiettano dalla coscienza terrestre un mondo circostante nel quale l'anima può orientarsi e crescere.
Questo mondo sembra all'individuo più bello ed elevato del mondo di prima, ma per lui è realtà, così com'era il mondo fisico con tutti i suoi attributi.

Qui incontra, seconda la legge dell'attrazione su livello spirituale, anche quegli amici e conoscenti che frequentava ai tempi di vita terrestre (o di altre vite precedenti) già presenti a questo livello. L'individuo perché non è più legato all'oscurità della materia, inizia a riflettere di più per servire la luce, perché sono composti da più energia della luce.

La calma delle pietre
Assomiglia il movimento delle piante
L'urlo del animale
La parola dell'uomo
Un pensiero delle dimensioni
Della melodia delle fiamme
L'armonia della luce
Il brillare dell'unità

Perché

L'unità vuole la pluralità
Ma la rivuole
Perché questa nuova saggezza
Fa crescerla un pezzo

Voglie ed attitudini

Un altro capitolo sono le attitudini e voglie che l'individuo porta con sé. Si manifestano come pratiche sessuali e violenze ecc. Il violento ha trasformato il bisogno naturale dell'uomo di tenerezze, nel bisogno di arrecare dolore agli altri. Questo purtroppo è possibile per la legge dialettale della reciprocità. Se sopprimo un colore si esprime dall'altra parte come colore complementare. Sopprimendo l'amore raccolgo odio. Nel livello dell'illusione descritto in precedenza l'individuo non può soddisfare i suoi desideri. La voglia di sessualità è cambiata e prende altre forme. Problemi si presentano quando tutte le normali esigenze di tenerezza si trasformano in perversioni, così come per i violenti. Questi individui si mettono alla ricerca di una vittima con la quale possono soddisfare le loro esigenze. Ma questi lo subiscono come il loro inferno personale. Dopo un sufficiente periodo di sofferenza che riguarda la loro personale esperienza su questo livello, ed il vissuto attivo, si avvicina il punto della svolta. A questo punto sono collegati con la grande coscienza terrestre che ha registrato tutto fino alle minime particolarità e sono confrontati con la situazione dal punto di vista e le sensazioni della vittima.

In questa sfera dello spirito tutte le capacità mentali sono molto più acute così come le sue capacità dell'anima. Chi prosegue con il basso desiderio della sessualità, attirerà nello stesso tempo altre anime con gli stessi desideri.

Se questi si trovano, allora vivono la situazione come in un paradiso sessuale. Dopo un certo tempo della completa soddisfazione arriva il momento del saziarsi, che presto diventa indigesto perché gli spiriti richiamati da quest'anima non se ne vanno più. Inizia infastidire loro quello che hanno così tanto desiderato. Similmente accade la stessa esperienza per i violenti e assassini, si può intendere come il fuoco purificatore individuale. La grande maggioranza degli esseri umani non ha queste esperienze estreme. Soddisfanno i loro desideri dalla casetta, il giardino, la macchina fino al buon sigaro. Anche loro vengono però perfino la nausea un bel giorno. Questa vita tranquilla senza alti e bassi diventa qualcosa come noioso. L'anima vuole combattere per qualcosa, differenziazioni, emozioni ed altri orizzonti. Uguale, l'anima vuole sviluppo in avanti oppure indietro. Questo la porta di recarsi a cercare cose sconosciute e di muoversi nel suo cammino. Allora non dura più tanto tempo ed il sogno, nel quale vive, sparisce.

L'uomo animale (l'uomo primitivo / = senza giudicare) viene di nuovo attirato dalla vita terrestre. Egli vuole un corpo fisico così come ha già posseduto, oppure uno ancora più denso su un altro pianeta. D'abitudine questi individui ritornano alla terra, e solo qualcuno a densità più elevate, nei quali si trovano frequenze diverse e di conseguenza una diversa percezione del tempo.

La coscienza

La coscienza del giorno ci sembra come una lampadina, che di mattina viene accesa e di sera si spegne. Il tempo che trascorre sognando avviene soprattutto in uno stato che dopo non è più ricordato a parte qualche piccolo pezzo. Se capita che si ricorda qualcosa in stato di coscienza normale, sono frammenti dalla fase REM. REM = rapid eye movement movimento rapido dell'occhio), la fase più bassa del sonno che è caratterizzato da un movimento lampeggiante degli occhi e delle palpebre precede di poco il risveglio. La stessa cosa si può osservare negli animali per es. il gatto che sogna pure come noi.
Lo stato di coscienza è sottoposto ad un continuo cambiamento, che proviene dal processo che io avevo descritto all'inizio come impronta. Così nell'essere umano giovane la coscienza è ancora fresca e piana d'energia. Con il procedere del tempo quest'energia diminuisce, perché l'energia che l'uomo ha alla nascita viene pian piano consumata. Questo non deve essere per forza così, e dipende però dalla capacità di maneggiare l'energia creante. Individui come per esempio yoghi, sono capaci o da propria conoscenza o da un aumentato stato di coscienza di collegarsi con campi energetici più alti e trasformare quest'energia direttamente e possono essere mandati al corpo eterico o astrale. Nell'insieme la coscienza è la somma matematica di diversi corpi intrecciati, che hanno prodotto

lo spirito per potersi articolare. (come quadro aiuterebbe molto la cipolla). L'uomo comune è aiutato da forze ed esseri superiori con energia per mantenere efficiente questo complicato intreccio. Si creano problemi soltanto se questa rete è sfruttata eccessivamente, e non- osservanza delle leggi divine. Allora l'individuo si ammala. Questo ammalarsi è naturalmente anche una sorta di riparazione su livello d'anima superiore, che si rende in quel momento necessario quando l'individuo è in disarmonia col piano divino o della copia dell'impronta. La risposta del perché l'uomo deve rispecchiarsi con la sua coscienza in una sfera d'esperienze così bassa e rinunciare al 99 % delle sue conoscenze e capacità, sta nella miscela ed elaborazione dell'energia della luce sino ai livelli più bassi, quali diventano la sua attrezzatura a livelli più alti. Al bisogno può servirsi come da una cassetta d'attrezzi ed estrarre dal giusto cassetto la cosa più adatta. Ogni esperienza fatta s'imprime come frequenza nella sua coscienza ma soprattutto nel suo corpo circostante di coscienza superiore. Parallelamente succede la stessa cosa anche nel campo morfologicamente più alto dell'intera umanità, che approfitta pure potendo servirsi dell'esperienza del singolo ed essere collegato.

Se osserviamo il sistema nervoso dell'uomo, ci rendiamo conto che funziona ancora con l'energia elettrica a bassa frequenza. Questi impulsi sono distribuiti in tutte le

parti del corpo, le informazioni sono trasmesse alle singole cellule. Parallelamente sono azionati per i processi a lungo termine, i necessari processi chimici, come ormoni ecc. con la necessaria energia di luce e trasportati nei vari parti del corpo.
In questo caso le sostanze sono soltanto qualcosa come messaggeri, che trasmettono nella dose relativa la loro informazione. L'energia della luce non si compone soltanto dalla frequenza ma prende anche forme geometriche a livelli più elevati. Secondo il tipo e la direzione del movimento, la stessa sostanza può avere delle proprietà diverse. Tutte queste sono regole che devono essere indirettamente a conoscenza per poter comprendere tutto il tema della coscienza. A secondo la quantità delle impressioni e la risultante elevazione della coscienza in tutte le sue reincarnazioni provocano un più o meno grande passo in avanti sulla scala della coscienza. Tutta l'umanità si muove sulla scala divina della coscienza come una spirale con movimenti di rotazione diversi e con traiettorie diverse come perle su una catena. Visto dall'esterno la figura del DNA dovrebbe essere simile. Secondo il principio ermetico che il sopra deve essere come il sotto, deve per forza essere così altrimenti l'impronta non risulta conforme alla legge. Lo spirito come principio superiore illumina tutti i livelli e le vie sono infiniti, però la meta è soltanto una. Lo sviluppo in alto (la direzione può essere spunto di discussioni) diventerà sempre più illuminato, più alto di frequenza e le distanze tra un atomo e

l'altro diventeranno più grandi nei livelli eterici. L'interessato non si rende direttamente conto ed ha soltanto una sensazione di più luce. Il senso dello sviluppo è la ricerca di forme superiori e l'unione e non la divisione (per questo l'energia nucleare forse è la via in direzione sbagliata perché sottrae luce e la divisione dell'atomo è trasformata in energia). Soltanto la coscienza di un mediatore tra sopra e sotto può trasformare l'energia della luce fin giù (che spiegherebbe perché gli sciamani possono trasmettere energia vitale su altri esseri umani). Più in alto seguiamo mentalmente su questa scala della coscienza, più questi individui sono illuminati dalla luce e più forte è la loro attrazione sul piano della coscienza per la barriera divisoria s'indebolisce più propria luce individuale viene all'esterno.

Se all'inizio ho parlato della luce trasformata in discesa, esiste, rimanendo nell'affermazione del prisma, quello che per ultimo trasforma la luce per la nostra esistenza individuale. Su questo livello esistono molti prismi che apportano luce anche a noi ed ognuna ha un numero differente d'anime individuali che illumina direttamente. Questo numero può variare da uno solo fino a tantissimi.

Chi ha in questo mondo un gran titolo oppure ha accumulato molto sapere non è necessariamente un saggio. Ci sono tantissime anime di livello elevato di yoghi o saggi indiani e cinesi che hanno viaggiato sino al terzo e quarto livello e suppongono di aver trovato il Nirvana. Ma si auto catturano in questo sogno.

Sono ancora individui e non hanno ancora immesso il loro ego nel totale soltanto passando attraverso un prisma dall'altra parte ed unificando alcuni raggi. Hanno riconosciuto la lente (il prisma) e capito che le anime si uniscono per un'orchestra però sono ritornati subito per diffondere insegnamenti di filosofie o saggezze che possono essere anche giuste fino al grado raggiunto, però non lasciano nessuna conclusione sull'intero.
(non hanno capito ancora la sensazione di essere uniti con l'anima di gruppo su un livello più alto. Però hanno dato uno sguardo sull'orchestra simile a quello di un bambino che guarda l'albero di natale attraverso il buco della chiave, ma non può comprendere quello che ha visto).
Le anime che si uniscono definitivamente con l'aldilà, non rimangono in uno stato d'estasi ma si confluiscono con la grande coscienza, aumentando l'attività su livello spirituale. I molti corpi (cipolla) ed i centri di coscienza si uniscono. In questo stato possono visionare la cronica dell'universo perché sono nella diretta ispirazione di Dio.
Da questo livello spirituale elevato solo pochi individui sono arrivati direttamente sulla terra. Questi portano più verità sulla terra che quelli che hanno attraversato tutti i prismi. Questi individui incarnati direttamente vengono dopo la cessazione del corpo umano, e dopo un raccoglimento breve nel livello dell'elaborazione, subito catapultati a livelli massimi spirituali.

Sono collegati per tutto il tempo come raggio non deviato con il loro livello spirituale d'origine, per poter ritornare in questo modo al più presto direttamente lì.
(Il paragone di un prisma è soltanto un mezzo d'aiuto per comprendere il meccanismo ma non va preso proprio di parola).

Il livello del colore

Se nel livello dell'illusione il corpo portante era quello eterico, l'individuo per adeguarsi alla frequenza più elevata ha bisogno di un corpo che vibra più alto per poter accedere a questo livello di sviluppo. Il corpo usato dopo la vita terrestre era già più finemente vibrante ed illuminato di quello terrestre Per questo le persone ancora in vita sulla terra non sono in grado di vedere questi esseri con i loro occhi, ma nel miglior caso sono in grado di sentirli o di sospettarli, anche se le forze eteriche sono la base per la materia).
Chi arriva a questo livello?
Quello che si è elevato grazie alla somma delle saggezze raccolte dall'uomo animale all'uomo anima. Questo avrà la volontà interna di una conoscenza più profonda e d'impressioni più precise rispetto a quell'uomo animale ancorato nella materia. Certamente non è possibile di designare una linea precisa o una soglia di passaggio, perché tutto è fluido e senza limiti precisi e le cose cambiano pian piano senza un evidente distacco. Con la decisione dell'anima di evolversi sulla scala dello sviluppo, gli è concesso un nuovo corpo. Non ha più nessun'assomiglianza con quello terrestre e neanche con quello eterico (che si avvicina ancora a quello terrestre). La sua espressione è dominata dalla luce e dal colore e rispecchia tutte le esperienze delle sue vite precedenti.

La sua capacità di concentrazione e cresciuta enormemente e con quello la sua percezione ed intelletto. Il ricordo delle esperienze terrestri è svanito e si rispecchia soltanto con i risultati sul corpo e nell'irradiazione. La sua attuale figura può essere una tale bellezza o grottesca, giusto secondo il suo sviluppo e stato interno. Questo mondo è riempito di colore e di forme. In essa è contenuto l'immagine originale della terra in una bellezza indescrivibile, che lascia impallidire l'immagine materiale della terra. Questo livello è dominato dalle percezioni. L'individuo sente le anime che lo circondano. Capacità percettive eccezionali qui sono normali. Si possono sentire i pensieri degli altri. Qui tutto vibra e tutto è in movimento. Il pensiero non è più interrotto per 40 – 50 volte il secondo come nella vita terrestre. A causa dell'accrescimento della forza percettiva anche il potenziale emotivo segue di pari passo. In questo livello l'uomo terrestre assomiglia ad un essere che cammina al buio pesto, illuminato sporadicamente da qualche lampo di luce (come un temporale in lontananza). Le vecchie emozioni si risveglieranno se s'incontrano altri esseri che si sono conosciuti in altre vite. Amore, piacere, passione, gioia e disperazione saranno di nuovo presente, però in modo più fine e di carattere spirituale. L'ispirazione, la beatitudine come anche la disperazione sarà immensamente aumentata. Anche la battaglia e le forze impiegate saranno una moltitudine di quello che è immaginabile. In questo livello l'individuo deve imparare di emettere una radiazione di protezione per non compromettere il suo corpo composto di luce e colore.

I vissuti di questo livello non sono paragonabili con quelli terrestri. Non ci sono combattimenti sanguinosi. Il susseguirsi di pensieri con la conseguente sfida di sentimenti come un amore non corrisposto potrebbe assomigliare di più a questo. Si svolge tutto su livello spirituale (di pensiero). Come sulla terra questi individui
' vedono ' soltanto quelli che si trovano nel loro mondo di frequenze e d'esistenza. Perché l'individuo dell'aldilà comunica con i suoi simili col aiuto delle sue impressioni, la comunicazione tra questo mondo e l'altro si rendono molto difficile, perché per l'uomo incarnato deve essere trasformato in parole e fatti, per essere almeno in parte comprensibile. (Si può paragonare di descrivere una sedia a parole, al contrario della percezione diretta visiva). Così deve essere immaginato che la percezione a questo livello è diversa e la comunicazione non avviene soltanto attraverso immagini ma in più anche con colori e modelli geometrici con rispettivo sentimento. L'individuo che vuole comunicare da questa dimensione a quella terrestre, deve assumere uno stato emotivo paragonabile all'ipnosi e prendere uno stato di coscienza più basso nel quale può comunicare soltanto come lo permette lo strumento (il medium o il channel). Paragonando l'individuo singolo con uno strumento musicale questo diventa più comprensibile.

Sul flauto sono in grado di produrre certi suoni, e prendendo un pianoforte posso variare molto di più questi suoni. Così devono essere presi in considerazione anche i messaggi dei vari medium umani. Nessun messaggio dei due è sbagliato, ma è solo proporzionale alle potenzialità e le capacità del relativo medium. Anche su questo livello esiste un sopra e sotto rispettivo allo sviluppo del singolo essere umano. Uno trovandosi all'inizio di questo livello avrà meno possibilità e capacità che uno alla fine. Così anche il processo d'insegnamento e apprendimento continuano anche qui. La capacità di creare forme cresce con le capacità creative e sarà in grado di modulare il proprio corpo, di creare, e di comunicare con altri su questo livello. Proietterà simile ad una trasmissione televisiva il suo corpo di luce e colori in un luogo lontano per comunicare con gli altri. In sostanza un internet molto espanso. Tutto è più fluido, trascinante e vicino al principio spirituale, dal quale prende la sua forza e la luce per proiettare se stesso, tutto, anche le sue emozioni e dimostrazioni hanno carattere spirituale. Sempre di più è fatto l'esperienza che la chiave dello sviluppo è nascosta nell'insieme. Così l'anima anche in questo caso vuole andare sempre più in alto. Alcune anime sono propense di ritornare al livello materiale, ma soltanto col obiettivo di aiutare le altre anime del livello materiale a trovare la via dell'ascensione.

La prima lente (unità dell'anima)

Dal gradino che io descrivo come prima lente (per rendere l'idea), molte anime arrivano sul livello terrestre. La comprensione per altre vite come anche esperienze fatte sotto ipnosi, si basano sulle esperienze di altre anime della stessa unità di gruppo. Si potrebbe paragonare questo con le radici di un albero, nel quale ogni singola radice ha un collegamento con il tronco principale. In senso più esteso si potrebbe intendere questo anche col peccato ereditato che l'anima reincarnata ha da aiutare a risolvere i problemi delle altre anime partner. Così un'altra anima ha preparato il terreno sul quale la presente anima farà le sue esperienze ed imparerà. Per questo non sempre quello che noi chiamiamo karma si basa direttamente sulle opere dell'anima individuale ma è stata prima incaricata ed aiuta a risolvere i problemi a lei delegati. Quante radici appartengono ad un albero è molto differente. Possono essere alcuni pochi ma anche migliaia. Allo stesso tempo ogni anima si differenzia dall'altra e sono individuali. Se tutte le anime precedenti si occupavano spesso con la stessa opera (per esempio con la musica) così infine come ultimo anello in una catena nascerà un genio, che è stato reso possibile dalla preparazione da parte delle anime fratelli e sorelle. Dopo la morte ci renderemo lentamente conto di questo gruppo. Infine faremo attivamente parte di questo gruppo e saremo tutte le due cose: membri del nostro gruppo ed anime individuali.

Il principio (lenti solo come modello dimostrativo)

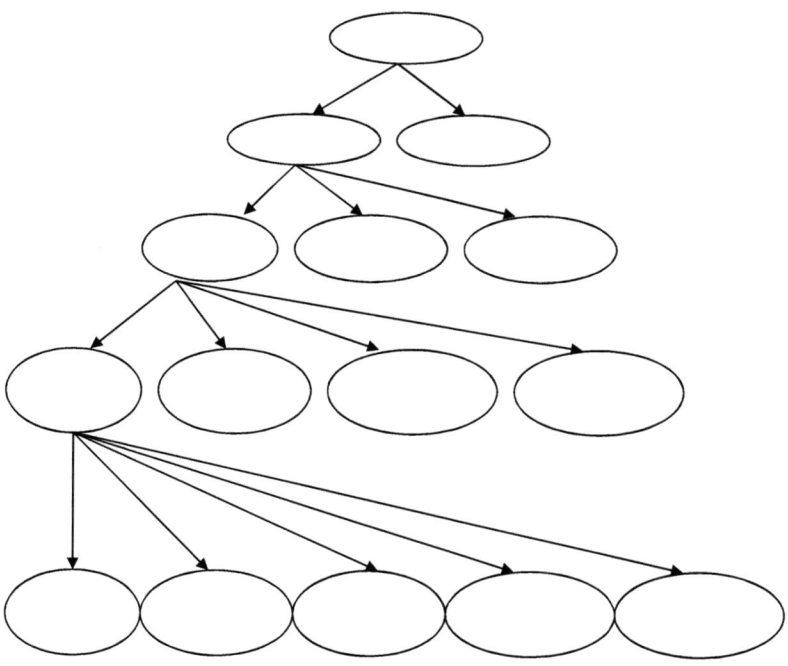

Si dimostra soltanto il proseguimento della linea esterna sinistra come modello.

Non piacerà senz'altro a quelli che credono in un'individualità immutabile, ma neanche a quelli che s'immaginano l'essere come goccia passiva nell'oceano divino.
Se questo pensiero (come essere umano) vi dovesse spaventare, vi dimostrerebbe nel vissuto attivo quanto è piacevole e meravigliosa questa fraternità dentro di noi.
Ci si avvicinano gli individui nel livello dell'illusione prima e poi nel livello del colore alla comprensione di questo principio e subiscono un grande cambiamento. Se un'anima nel livello dell'illusione rimane troppo attaccata alla sua idea della religione o della scienza o qualsiasi convinzione terrestre può rimanere intrappolata per molto tempo come nei rami di un albero. Questo fermerà per molto tempo il suo sviluppo e progresso. Nessuno però è definitivamente fermato e tutti possono guardare indietro per poter imparare e progredire. Così l'uomo impara che effettivamente è lui stesso ad ostacolarsi o lo è la sua convinzione preconfezionata (o meglio il suo fanatismo) per essere un fattore frenante per lo sviluppo spirituale. L'uomo spirituale invece si trova già aldilà di queste impronte, che mantengono alcune anime in certe direzioni ed opinioni predefinite. Non è intrappolato in quello che si potrebbe chiamare pregiudizio ed ottiene per questo una chiara ispirazione di guardare oltre il limite del materiale.

Il livello delle fiamme

Questo è il livello più alto, dal quale tutta la vita nelle sue minime sfaccettature è nutrita. Il transito a questo livello avviene di nuovo attraverso la fase dell'elaborazione. La morte se la vogliamo chiamare così, la morte e la rinascita nel livello delle fiamme non sono più paragonabili con la morte terrena. A questo stadio l'anima ha l'assoluta padronanza sulla sua immagine o la sua forma. Deve solo riconoscere che l'immagine, la forma o il sentimento non è strettamente necessario per una condizione vitale. Dopo la sua libera scelta che ha intrapreso si vede passare tutte le immagini ed impronte dei tempi trascorsi. Vede le cose con la luce dello spirito che la fa riconoscere tutto. Desideri si liberano e si trova davanti ad un'importante decisione se deve prendere la via dell'ascensione o del ritorno al livello dell'illusione. In questa situazione non può rimanere, perché lo spirito esige una decisione. La scelta sarà automatica a secondo delle sue esigenze. Se si osservano queste molte anime che salgono e scendono i livelli, si ha l'impressione di un'onda del mare che s'infrange sulla spiaggia, con la differenza però, che ogni volta l'onda avanza di un pezzo. Se un giorno la retrospettiva è soddisfacente, incomincia uno sviluppo vigoroso. Il desiderio di un corpo eterico del livello del colore viene a mancare. L'anima rimane se stessa, e subisce però anche tutte le passioni, emozioni ed impronte delle anime appartenenti al gruppo.

Tutto questo costituisce il suo contorno. Questo assomiglia ad una fiamma immensa, ed è costituita però dalla concentrazione di tutte le esperienze delle impronte ed intenzioni appartenenti al gruppo. Ogni anima rimane autonoma e subisce però una moltiplicazione delle sue capacità e forze in un'apparente unità (mi ricorda di nuovo la somiglianza ad un'orchestra, che è costituita da singoli musicisti, ma suonano tutti gli stessi brani). In questo livello l'anima non riceve soltanto il collegamento intellettuale al gruppo, ma anche quello del sentimento.
(per questo si dovrebbe favorire di fare le cose col "cuore"
e non soltanto col rigido e calcolante materialismo che ostacola la nostra ascensione a questo livello). L'uomo diventa un'artista che vive nella sua opera e ci lavora (quello che agli artisti riesce solo in pochi istanti d'ispirazione). Quando si trova nel momento dell'ispirazione e diventa creatore, riesce nel suo subconscio capire la vita degli animali e piante, che nutrono il suo spirito con luce. Lo spirito dell'anima di gruppo nutre allora molti animali, piante, insetti, donne, uomini ed altri esseri non soltanto sul nostro pianeta. Tutto questo succede dopo una copiatura divina che è inoltrata per il perfezionamento dei suoi elementi al livello delle fiamme. Soltanto quando è arrivato l'ultimo pezzo dell'intero, tutto può procedere. Soltanto dopo il completamento, le scorie delle esperienze vecchie possono essere eliminate per essere rivisto nel livello transitorio dell'elaborazione.

In questo livello agiscono gli esseri maestri, si potrebbero definire anche maestri matematici, però tutte queste definizioni sono troppo poche perché possano veramente dire qualcosa sulla loro saggezza e grandezza. Loro che sacrificano se stessi sulla via dell'eterno divino, si mettono da qui in collegamento con noi, ci forniscono della loro forza e soprattutto il loro amore nel vero senso della parola, tutto per la costruzione ed il mantenimento dell'intero. Da qui si cibano le migliaia, e da qui si dona acqua e pane. Qui aveva l'origine la parola di Cristo che ci tramandò nel senso quando da un pesce ed un pane cibò tutto il popolo presente. L'energia di questi esseri è paragonabile con quella del sole e nutre tante vite nei livelli inferiori. La grandezza espressa anche in musica ha l'origine in questo posto e ci fornisce con suoni e melodie incredibili. Il loro riflesso prendeva eccezionali artisti come Bach, Beethoven ecc. per poterci tramandare la bellezza. Ma è la stessa cosa come nella vita quotidiana, solo l'originale ha la vera grandezza, tutto il resto è soltanto un ponte, una via d'accesso. Questi esseri di fiamma illuminano e contengono le stelle fisse, o meglio espresso, sono il loro habitat. Anche noi possiamo raggiungere un giorno questa luce e grandezza se il nostro sviluppo è adeguato. Condizione per questo è la missione come impiegare nel modo giusto l'amore.

La pienezza dell'ultima anima di un gruppo che raggiunge questo livello (un uomo pieno di gioia, che riempie il suo gruppo) e sembra per gli ancora viventi come un santo, non ha ancora veramente raggiunto questo livello. Rispecchiandosi nella melodia delle stelle del cosmo il santo trova la sua nostalgia e la coscienza che neanche questa è la meta finale delle sue speranze e desideri. Riconoscendo che soltanto chi lascia fluire si riempie, simile all'acqua corrente del quale si serve il salmone o la trota per avanzare, raggiunge la forza per poter entrare a dimensioni più elevate del sentire e con questo delle esperienze. Le impronte ricevute in livelli più bassi adesso si riempiano ed il risultato è luce, calore e colore ed infine sono solo loro il senso, quale ricercava invano nelle forme ed impronte. Questi mezzi di supporto hanno raggiunto il loro scopo e svaniscono per dare spazio al senso più grande
quale rappresenta il livello di creazione. L'individuo finalmente comprende che tempo e spazio, in pratica passato e futuro, sono esclusivamente prodotti della mente e dell'intelletto e non hanno alcun'influenza qui e adesso.
Si riempiono soltanto dalla loro forma. La simbiosi tra forma e contenuto (amore) sta per avere il suo senso ed il mantenimento dell'imparato diventerà adesso il compito principale dell'essere illuminato. Così, secondo le leggi divine, la luce scorre, come l'acqua, in canali (creati) per essere raccolto nei relativi recipienti di gruppo.

Il livello della ragione

Ragione, una parola molto violentata. Ha come fondo un significato divino che esclude ogni materialismo. Ragione include automaticamente saggezza, ma dove troviamo oggi, in tante cosiddette decisioni ragionate dei nostri politici, la ragione che include lo sviluppo delle anime?
L'unione delle anime di gruppo nel 5° livello, che ha raggiunto lo stato provvisorio in tutta l'armonia, arriverà adesso al livello della ragione, dove il colore bianco è predominante (contenente tutti i colori) che per noi è così indescrivibile. Il su e giù dei sentimenti ed umori era stato lasciato indietro. Esperienze infinite da miriadi di vite, maturità dalla restrizione sull'importante, che si rispecchia con l'immagine, hanno portato l'anima alla coscienza del segreto di bene e male. Una mitezza completa li contrassegna adesso, quale indica la forza delle anime in una sorta d'apatia, che però non deve essere scambiato con lo stato d'apatia del pensiero terrestre. Le anime sono i signori della vita e capaci di un'ispirazione vicino ai pensieri del Creatore. Qui ha inizio il livello delle anime immortali, se vogliamo chiamarlo così, dei molti in uno solo. Soltanto qui avrà il suo vero significato l'affermazione biblica che dice: il cielo appartiene al mite. Erano gli esseri dal livello delle fiamme le guide e guardiani anche col cuore in fiamme. Qui ritorna la mitezza del comprendere
tutto. La vera forza non è tratta dalle fiamme, ma dalla

luce che comprende. Anche se c'è bisogno nei livelli più bassi di vibrazione nelle regioni materiali, di fiamme e forze grezze, questi sono soltanto trasformati dalle onde morbide e miti di toni elevati. Se la musica del 5° livello era mezzo ed armonia come portante del riempimento, come anche mezzo di comunicazione, adesso sono acclusi gli aspetti elevati di molti universi che si sovrappongono, su un livello d'intreccio tra tutti gli universi, quali sovrapponendosi ma toccandosi in aspetti elevati, con la meta di trovarsi in sempre nuovi aspetti di una rinascita e ricreazione. Spazio e tempo sono soltanto attributi del nostro universo. Il progetto di una nuova via nasce in questo ed in livelli più elevati. Perché da qui in poi nascono le leggi degli universi come mezzo di creazione, hanno qui i modelli matematici il loro limite. La comunicazione funziona tramite la miscelazione lo scambio dei nuovi concetti con la forma pura d'energia creante, che non si può in linguaggio descrivere neanche in accenni. Tutto quello che è materiale in somma più il nuovo aspetto della creazione, sono la base d'esistenza della comunicazione
(in effetti, solo paragonabili con il collaborare e concreare perché la comunicazione nel nostro senso è diventata superflua).

Alla riva del mare della creazione

Cosa potrebbe avvenire ancora dopo un livello che rende così felice come quello della luce? Le stesse sensazioni avranno anche le anime che si trovano al 6° livello, quando devono decidere di intraprendere quest'ultimo passo. Solo poche anime si decidono per questo stato che è così senza corpo e senza forma nel senso del creatore. Questo non significa che non tornano, se necessario, all'umanità, a far parte della coscienza di un'azione aiutante o insegnante o mandano parte di se stessi. Muoversi dal livello superiore a quello inferiore è possibile in ogni momento. Solo nella direzione opposta dipende dallo sviluppo dell'intero gruppo, si potrebbe dire come una squadra di canoa che prende i remi per raggiungere nuove acque. Come sempre c'è la completa libertà di scelta. I singoli individui continuano ad esistere. Come una goccia nel mare continua ad esistere. Le anime adesso sono in unione con lo spirito superiore della creazione. Per questo sono in grado di prendere visione di tutta la creazione, e non percepiscono soltanto gli aspetti del tempo, ma il tempo come intero. Sono fuori dell'universo ma nello stesso senso l'universo adesso fa parte di loro. Riconoscono che non esiste lo spazio vuoto, ma tutto è popolato con una miriade di esseri viventi fini e strafini. Ma soltanto a quest'alto livello si sentono veramente liberi da tutte le costrizioni, liberi in intelligenza ed immaginazione divina. Soltanto qui percepiscono quello che hanno cercato da sempre nel senso della vita. L'anima come duplicato (raggio) percepisce tutte le verità, non soltanto quelle dell'universo, dal quale proviene, ma anche i principi delle idee originali e dell'amore come principio globale della loro provenienza.

Non è svenuta in una sorta di Nirvana, ma osserva il sorgere e sparire di interi universi, la cosiddetta trama della vita. E' libera dalla costrizione degli atomi fisici e si trova di nuovo nella sua patria, il mondo psichico della coscienza. Se un essere umano descrive (come me al momento) questi avvenimenti, è soltanto mediatore tra questi alti livelli ed il livello fisico dell'umanità. Tutto il disordine, tutte le guerre, anche guerre economiche, hanno il loro senso nel grande evento cosmico.
(Non la guerra per sé, come senso di conquistare, ma guerra come effetto educante alla compensazione di disarmonie d'ogni genere. Il senso è quello di riconoscere il " non fare ").
Anche l'assolvere di tutti i gradini di un livello si basa su tutte le esperienze ed impronte che alla fine sono conclusi. Così anche sulla terra attuale. Non è una fine ma suddivide soltanto nuove stanze (della scuola della vita), una parte va avanti ed una parte rimane ad imparare. Questo si deve vedere senza dare una valutazione. Le grandi forze spirituali cercano di dimostrare solo il senso del tutto (anche dell'apparente controsenso), provando a comunicarcelo in modi differenti. Da questo livello si comprendono tutte le relazioni, che qualcuno di noi in vista di certi eventi chiederà: " Dio dove sei?". A questo livello, l'uomo è più paragonabile con una stella brillante, quale raggi nutrienti irradiano l'universo.

Libera decisione

Cos'è una libera decisione?
La possibilità di scegliere la via destra o la sinistra? Oppure la libera decisione è soltanto una reazione su stimoli esterni?
La stessa espressione è già un controsenso. Tutto influisce sul comportamento, l'educazione, il mondo circondante, le persone vicine. Libertà esisterebbe lì dove non esiste una pressione sociale. Per questo hanno importanza anche tutte le influenze ereditarie.
Così tutta l'umanità sta tessendo la rete degli eventi terrestri.
Vi rendete già conto del paradosso che per forza deve esistere una libera decisione. Dio come grande creatore sa prima del nascere che immagine avrà l'individuo. Visto così si potrebbe pensare con la creazione dell'umanità un inizio di una rete sempre più grande. Così Dio ha già creato l'immagine della terra futura ma il cambiamento delle anime individuali non è ancora avvenuto. Così come l'anima ha fatto il sua cammino vitale con tutte le sue impronte, si troveranno le circostanze, nelle quali l'anima giovane s'incarna nella vita (paragonabile con la vita di molti musicisti mediocri che preparano la nascita di un genio, descritto più avanti).
Così Dio ha creato l'immagine dell'uomo in origine, scegliendo se stesso come impronta del modello necessario. Si potrebbe fare un paragone alla frequenza media di tutte le circostanze necessarie, che influenzano una vita.

I due genitori al momento della fecondazione fissano già la prima frequenza. Il prossimo punto è la somma di tutte le persone e luoghi che le circonderanno. Eventi naturali pianificati come tempeste, terremoti ecc. daranno il loro contributo finale (e sono la risultante del comportamento ed influenzamento di tutta la coscienza umana). Così l'uomo ha unito con il divino " io sono " la libertà, di scegliere la sua meta in rispetto al suo compito da svolgere.

Non pianificabile è la sua reazione alle prove da superare, le gioie, come reazioni sulle passioni della vita. Il sentimento non è calcolabile ed è questo che l'uomo porta con sé come elemento liberatorio. Reazioni dell'intelletto sono sempre uguali e sono calcolabili. L'uomo principalmente intellettuale sembra fuori freddo e morto perché il fuoco interno, il calore, che provoca il sentimento è poco presente. Una situazione del genere fabbrica facilmente un uomo duro e chiuso, perché egli sente che manca qualcosa che non può descrivere, perché non ha gli attrezzi per poterlo descrivere (qui dovranno aiutare i guaritori ed aiutanti del futuro di riempire il deficit di luce ed emozione).

Le emozioni devono essere tramandate dalle persone capaci per questo. Si potrebbe immaginare questo come il fuoco terrestre. Fuoco deve essere portato da un ramo già in fiamme ad un ramo ancora intatto. Si può paragonare ad un'emozione negativa come la rabbia che sale dal plesso solare incontrando ed influenzando poi la parte sentimentale dell'uomo.

La procedura, vista dallo spirito di coscienza nell'uomo può portare alla sua trasformazione. Questa trasformazione porta alla costruzione di un corpo astrale ed un ampliamento della coscienza di cristo nel rispettivo uomo. Emozioni superiori, arrivati dalla luce o una parte di essa, possono provocare nell'individuo che si apre, con le giuste circostanze un senso di gioia ed adempimento.

Il potere di ricordare

Intraprendiamo adesso un capitolo molto difficile, nel quale dobbiamo spiegare, come sono creati le immagini interne. Il prodotto dell'immagine interno primariamente è il prodotto di quello che noi pensiamo ed il ricordare dei pensieri si descrive come memoria.
Ri- cordare rispecchia al meglio il procedimento che produce quello che riguarda pensieri e memoria. Il pensiero, l'immagine interna, per esempio di una persona, inizia con l'atto della volontà di cercare di ricordarsi di quella persona e di volerla immaginare. Comincia un processo dall'azione della volontà, di richiamare qualcosa dall'interno, di tirar fuori dei cassetti nascosti della memoria uno ad uno e di riunirlo come una catena, di ri-cordare, assumendo dall'esterno la sostanza della vicinanza divina che ha quest'impronta. Un'azione simile ad un'aspirazione è provocata dalla concentrazione della volontà e trasferisce particelle finissime con quest'impronta, li unisce alle cellule che sono previste e ci fa vedere (immaginare) l'immagine della persona della quale si tratta. Queste particelle piccolissime si possono immaginare come filamenti finissimi che sono per lo più d'origine spirituale però nello stesso tempo esistenti come la stessa coscienza umana. I filamenti ci circondano e sono la sostanza di quello che io ho chiamato impronta. Contengono tutti i singoli calchi che possono però soltanto essere collegati con il cervello attraverso l'atto della volontà. Tutto questo ci circonda come una rete gigantesca, e si può dire anche come una gabbia. Da cui risulta la domanda: " La volontà, che cos'è in sostanza? "
La volontà è la forza che fluisce dal grande spirito individuale.

La somma delle immagini improntate ed ancorate nei "filamenti" attraversa lo spirito e sono indistruttibili.
Il grande spirito individuale si trova esternamente e contiene tutte le particelle di natura spirituale (unità più piccola spirituale) e sono il sito effettivo della vita. Queste unità sono indistruttibili. Il Tu, vissuto sulla terra, effettivamente è qualcosa di assemblato. E' la connessione perfetta tra il passaggio della materia spirituale e di quella materiale. Il tipo di collegamento dei vari pezzi è la chiave per attitudini e preferenze di gusto dell'individuo (si può chiamare anche pre- impronta). La volontà, sempre attiva, decide di "aspirare" le immagini che giudica necessari.
Al momento della morte fisica dell'uomo questi filamenti si distaccano dopo un po' ed i ricordi si attenuano. Per questa ragione non svaniscono. L'uomo nell'aldilà può ristabilire questo contatto con la forza della volontà. Così le immagini desiderate si ripresentano, ma questa volta il tipo di ricordo è più mirato. Lo sforzo, necessario nel cervello fisico per lavorare, a livello spirituale è inesistente. Bastano la volontà o l'impulso. Così possiamo iniziare a spiegare il lavoro di un Channel. La forza di mantenere il collegamento deve essere già ancorata nella psiche del medium. L'essere che comunica attraverso il medium, non potrà usare i propri filamenti e dovrà portare il medium di potersi collegare dov'è possibile (pensate alla circostanza del flauto ed il pianoforte).

Lo stato psico- spirituale del medium deciderà quanti filamenti è in grado di trattenere … ed è decisivo per il grado d'esattezza del messaggio.
Altrettanto importante è il grado di purezza del corpo (sono meno portati a parità di condizione grandi fumatori, alcolisti o persone che eccedono nei piaceri).
La vibrazione dell'individuo dipende dalle sue impronte, l'aumento della sua frequenza ed una vita sobria influenzano con beneficio il suo accesso. Si associa nello stesso tema anche il vegetarianismo. Non voglio di certo dire che qualcuno che ha uno di queste passioni e vizi non può essere un medium (channel). Soltanto è più difficile ed il grado delle verità diminuisce (mancano semplicemente pezzi). L'uomo che attraversa questo mare di ricordi, assomiglia ad un arcobaleno colorato, che lascia una traccia di scintille e fuoco dentro questo mare. Tutti i ricordi che lo hanno attraversato sono stati segnati da lui.
Il cervello comune qualche volta ha difficoltà di riconoscere se il pensiero prodotto era il proprio oppure un pensiero captato d'altra origine.
Generalmente la gente sente meglio i pensieri freschi dei viventi che pensieri vecchi con un contenuto più elevato di verità. Infine si può dire, che soltanto il proprio patrimonio di pensiero perdura nel tempo, il resto sbiadisce, perché l'anima individuale dell'uomo non lo conserva. Visto così l'uomo assomiglia ad una piccola fonte di luce continua grazie alla sua anima individuale.

L'uomo attraversa così la sua vita, continuamente a discioglierla e rifarla, perché tutto è un perpetuo morire e rinascere. Un essere umano giovane si differenza colossalmente dallo stesso individuo quando ha 60 anni. Tutto è cambiato e rinnovato. (Paragonabile con un albero che produce ogni anno nuovo fogliame verde, sempre diverso, ma si tratta sempre dello stesso albero). La luce spirituale che si trova dietro la memoria individuale, permette di comprendere e di trovarsi attraente i due aspetti dello stesso uomo in epoche diverse. La stessa cosa succede col riconoscersi dopo la morte. La luce spirituale personale porta all'avvicinamento delle persone, li fa riconoscere e ricordare le immagini, e se vogliono, in quale forma e circostanza hanno camminato insieme sulla terra. Nessuno deve avere paura che non riconoscerà più famiglia, figli ed amici.

Questi ricordi perdureranno più tempo in relazione all'importanza del sentimento e la profondità delle emozioni. Cose superficiali svaniscono velocemente come già in tempi di vita terrestre.

Il grande ricordo

L'affermazione di C.G. Jung di un subconscio collettivo o di un campo morfogenetico non è altro ché un modo diverso di spiegazione del grande ricordo mondiale. Qualcuno lo chiama anche cronica Akasha. In essa è contenuto tutto il subconscio dell'intera razza umana. Tutti i rami grandi e piccoli di quest'albero sono preformati. Le strutture però non sono statiche, ma pulsanti e dinamiche. In questo luogo si trova tutta la storia dell'umanità e del mondo, passato e futuro compreso. Il futuro è però preformato in forma sottile e nebulosa e deve essere ancora riempito. Le anime nell'aldilà si possono trovare in uno stato senza ricordo per una specifica vita. Sono però in grado di tirar fuori della "cassetta degli attrezzi" e di far rivivere i ricordi e portare la vita di nuovo nel punto focale della coscienza. A noi può capitare la stessa cosa, quando non pensiamo più ad eventi molto remoti ed un vecchio conoscente incontrato per caso, ci rinfresca i ricordi con i suoi racconti e le immagini spirituali si ricreano. (Dove erano prima, se non in una nicchia dentro o fuori di noi ?).

In questo caso non è attivata tutta la storia, ma soltanto il pezzo, del quale abbiamo bisogno, quello con maggior impatto di emozioni e sentimenti. Se un'entità si vuole presentare dall'aldilà come persona, si presenta un problema. Per primo deve richiamare il suo vecchio ruolo alla sua coscienza.

Soltanto dopo si può far riconoscere come persona, quando parla ad un Channel.
In questo caso le entità rimangono i stessi di come sono stati nella vita terrestre, con tutte le emozioni, sentimenti e pregi e difetti. Tutta la raccolta intellettuale è depositata nella grande cassetta d'attrezzi. Portiamo con noi anche la memoria dei sentimenti come parte della nostra vita creativa, perché è parte importante dell'anima. Nel caso che l'anima dell'aldilà si vuole mettere in contatto con una da questa parte, si prende soltanto quella parte dalla cassetta d'attrezzi che le servono. Si può dire come l'idraulico che si porta soltanto la chiave che li serve per il lavoro da svolgere. Non si porta il martello che adesso sarebbe inutile. Visto così, l'anima rimane ancora il modello di base, ma non sempre la stessa in senso assoluto con tutte le sue conoscenze onnipresente, delle lingue ecc. quello però, che costituisce l'impronta originale rimane per sempre invariabile ed è una chiara affermazione del "io sono", in colori ed irradiazione in confronto degli altri.

Funzioni di attività nervosa - spirituale

Durante l'osservazione cosciente, la messa a fuoco di un oggetto percepisco molte volte un'influenza divina. L'osservazione, un interesse emozionale, che provoca un mio sentimento.
(Si dice non per altro che ci si riscalda per qualcosa).
Il raggio divino porta la luce nella rete e nei nodi della rete della gabbia divina. Questa gabbia è costituita dalle esperienze vissute delle impronte già citate. L'uomo assomiglia ad un'orchestra piccola del suo essere, delle particelle di coscienza dei vari livelli, che tessono la rete luminosa dell'impronta. Attraversati dal grande raggio divino di luce si orientano tutti verso la luce e ci vivono in essa. Spesso l'uomo si sente come essere singolo, che risulta giusto come somma, ma non nel significato del numero uno. Un esempio paragonabile è il corpo umano. E' costituito da numerose cellule. In quale cellula è contenuto quello che noi sentiamo come persona come l'io. In questo caso anche se guidato dall'esterno, è riconoscibile una guida dell'insieme. Si potrebbe dire l'uguale guida l'uguale. Immaginiamo che il corpo umano sia trafitto da una rete. Ad ogni punto d'incontro della rete appena fuori del corpo sono collegati i punti d'incontro spirituali (eterico). La forma uguale di tutto risulta dalla necessità di dover portare tutto all'esterno. In questo modo possiamo dire che il corpo avrà anche dopo la morte, la stessa forma, anche se più fine.

Il principio divino, come forza originale, irradia tutta la rete e tutte le parti alte e basse del sistema nervoso. Tutti questi minuscoli esseri, vorrei chiamarli musicisti, sono guidati da un direttore d'orchestra. (Questo è conforme al principio divino). Nel momento che un defunto vuole mettersi in contatto con un vivente, deve convincere alcuni di questi musicisti a prestare per un po' di tempo il loro posto nel modo di far ascoltare altri strumenti. (Togliere il direttore d'orchestra farebbe impazzire l'uomo). Questo spiega perché i medium reagiscono così sensibile a tutte le frequenze e perché l'uso di telefonini è estremamente pericoloso durante la funzione mediale o il channelling. I maestri e creature della luce devono faticare moltissimo per trattenere il dirigente. Durante la vita di un uomo lui ed il suo lavoro d'impronta sono in contatto continuo con la rete ed i suoi modelli originali. L'uomo con la sua struttura morbida, la sua matrix ancora trasformabile continuamente è rinforzato dallo spirito che lo irradia. Alla fine d'ogni capitolo l'uomo valuta come somma di tutti i suoi esseri (membri d'orchestra) il nuovo pezzo di cammino trascorso ed osserva se il piano di costruzione è stato rispettato o se sono ancora necessari delle correzioni. Se alla fine un musicista deve decidere di fare delle correzioni (una vita supplementare) facilmente vedono la luce le opere di un genio, che costruisce sulle esperienze accumulate prima.

In questo modo si sperimenta lo spirito nella sua individualità della sua struttura corporea sempre più affinata nell'uomo. L'io sottostante (spesso definito subconscio) registra nella sua impronta di rete i desideri ecc. e cerca di farli entrare nel modello originale divino.
Di notte quando l'anima si divide dal corpo, si risolvono molti problemi. (Si dice molte volte di dormirci su, prima di prendere qualche decisione). Il sonno è un altro capitolo che tratteremo.

Lo stato di sonno

Fuori del mondo fisico, nello stesso tempo penetrandolo e di tipo completamente diverso, si trova il mondo eterico. Lì sono contenuti tanti modelli ed un potenziale di luce più elevato (forme di luce) rispetto al livello materiale. Mentre esiste nei livelli più alti un continuo interscambio delle forze di frequenze più elevate, il sistema materiale è relativamente chiuso in se stesso. I mondi elevati possono farsi notare all'uomo soltanto attraverso i corpi più elevati (corpi eterici e oltre). Sono da rispettare la libertà ed il consenso. Il corpo eterico quasi completamente entrato nel corpo materiale ha continuamente bisogno d'energia per poter sostenere le funzioni fisiche del corpo materiale. Nello stesso tempo perde un po' della sua forma paragonabile ad un guanto che si mette su una mano. Il risultato di sveglia continua è la perdita del senso della realtà, irrequietezza e la sensazione di non trovarsi più al centro della propria vita. Durante il sonno, il corpo eterico è ricaricato con nuova forza (energia) ed impronta. Questo succede quando il corpo eterico si allontana secondo lo stato di sviluppo di più o di meno dal suo involucro protettivo. (Un brusco risveglio in questa fase provoca nell'uomo un tremore o meglio una sensazione di caduta).
In questa fase rimane sempre una piccola parte di riserva del corpo eterico nel corpo fisico per assicurare le funzioni più importanti. In questo tempo lo spirito (principio spirituale) che si trova in vicinanza del corpo,

Trasmettere immagini ed informazioni al corpo fisico ed il resto del corpo eterico e rimane all'uomo quando si risveglia. Sembrano una forma di sogn da sveglio. Lo spirito trova delle difficoltà di trasformare queste informazion ad alta frequenza al corpo di bassa frequenza. Il prossimo passo è la trasformazione della simbologia divina in immagini comprensibili e nello stesso tempo la provocazione d'emozioni, per non far sembrare non importante e farlo cadere nel dimenticatoio subconscio.

I profeti si sono trovati in difficoltà da sempre di trasformare messaggi divin colorati e geometrici (multidimensinali) in immagini e parole terrestri. Nella vita quotidiana l'uomo ha la protezione di scartare informazioni per evitare un sovraccarico spirituale e corporeo. In questo modo il sonno non serve soltanto per ricaricare forza ed impronta, ma anche alla trasformazione delle ispirazioni divine durante il sonno. Dopodiché il corpo eterico ha ricevuto energia nuova per poter affrontare la giornata. L'anima ha avuto le sue istruzioni e li trasmette secondo la chiarezza della connessione alla coscienza normale dell'uomo. (La quantità dipende dall'effetto frenante dell'intelletto).

Giusto e sbagliato

Questa domanda è una delle più fondamentali di tutta l'umanità. Nel primo momento sembra così semplice, ma contiene una portata esplosiva inaspettata. L'attitudine in noi di indicare all'altro la via giusta ci porta soltanto al nostro modo di seguire, copiando errori o dottrine di altri, che le hanno diffuse prima di noi. Bisogna essere molto critici anche leggendo questo. Il "io ho la verità" ha portato, sia filosofie o religioni, alle sofferenze più grandi dell'umanità. Il lavoro dell'uomo per l'altro non è né buono né cattivo. La misura è la luce (illuminato) e nient'altro. Così anche un'esperienza negativa può indicare ad una persona la via per nuovi orizzonti più elevati che non raggiungerebbe altrimenti così in fretta. In questo modo dovrebbe essere riconosciuta la via che porta alla luce per quella giusta, e tutto quello che ci toglie la possibilità di avanzare nei valori è sbagliato. Soprattutto togliere la vita ad un'altra persona è una delle cose sbagliate. Voglio lasciare la valutazione ad ognuno di Voi quello che si associa a queste cose. La parola chiave sarebbe l'impronta o meglio cosa ostacola l'impronta divina e la luce in un individuo? Ci meravigliamo certe volte, sentendo di asceti che permangono immobili per 40 anni seduti sotto un albero o su una collina, per cercare la coscienza superiore. Può essere che siamo stati anche noi in una delle nostre vite precedenti a fare la stessa esperienza. Siamo stati dall'altra parte (nell'aldilà) ed abbiamo imparato di raccogliere esperienze divine che si trovano nel assieme.

L'esperienza di poter essere disturbato da altre persone e non poter evadere in una tana è la contemplazione per il cammino per l'uomo perfetto, divino. Nei tempi di oggi l'uomo è in grado di scegliere di trovarsi di nuovo come un'unità individuale. Non è sempre subito comprensibile l'intenzione e la via che hanno la sapienza e previdenza divina. L'individuo dal cosmo è avvolto da miriadi di correnti singoli, assomigliando a fili di luce che irrorano la coscienza umana come un ruscello di montagna. La coscienza del singolo uomo assomiglia più ad un pescatore che si prende dall'acqua corrente quello che ha bisogno. La luce nelle sue sfaccettature è l'elemento principale per quello che sta cercando, per crescere fino ad un essere spirituale. In un abbraccio amorevole unendosi con gli altri elementi del gruppo l'uomo trova la sua individualità però anche l'insieme. Da questo comprende il senso del tutto. Allora avrà capito il significato di giusto e sbagliato.
Almeno in questo livello della sua esistenza.

La salute del corpo

Parlando finora di impronta voglio precisare che questo vale soprattutto per il corpo, essendo lo specchio dello sviluppo dell'anima. Nella ricerca per la propria identità l'anima si crea un ego che può ricevere tutto quello che fa parte dell'individualità. La conseguenza quando non si rispettano le leggi divine è la malattia. Il corpo, essendo di struttura cristallina è di comportamento neutro e non si ammalerebbe senza l'irradiamento di rete dell'anima. Nello stesso tempo non potrebbe neanche esistere perché deve essere irradiato dalla vita e da magnetismo. La meta della vita di un uomo è così variabile come tutta l'umanità. L'uomo vuole avanzare e non può tornare indietro per la via di avvicinamento a Dio senza un compito da svolgere che consiste nell'aiutare quelli che sono rimasti indietro. Tutto si rispecchia in quello unico. Aiuti per il corpo durante la malattia (turbolenza dell'anima) e la sofferenza sono nello stesso tempo aiuti per l'anima quando si presenta uno squilibrio. Nella struttura a rete dell'uomo si manifestano difetti di struttura o meglio disarmonie molto prima dell'inizio di una malattia nel corpo. Per questo ogni addetto alla cura (medico, omeopata …ecc.) dovrebbe per prima occuparsi del bilanciamento dei componenti dell'anima. Il corpo è guidato da diversi centri, dei quali il più influente è il plesso solare. (Molto vicino sopra al bordo del cuore fisico inizia a crearsi un centro aureo, che manifesterà il bambino interno o il cristo in sé).

Nel plesso solare si tratta di emozioni e le loro applicazioni o sofferenza nel passato. La deviazione dalla struttura di base della vita (chiamato anche albero della vita, modello d'energia o modello universale del cristo) si può controllare nelle linee d'irradiazione o meridiani o più in alto su livello astrale/mentale nei colori. La cura dei colori non può essere ancora compiuta su livello umano (molto bene invece su livello spirituale). Esperienze cinesi ed anche alcuni omeopati sono oggi in grado con il bilanciamento energetico di raggiungere rigenerazioni che danno all'uomo il tempo e più sensibilità per i suoi problemi. Sono stati raggiunti dei risultati sorprendenti di guarigioni grazie all'effetto di reazione del corpo. Questi accompagnano l'uomo nel tentativo di bilanciarlo. La struttura cristallina è sperimentata, ma sono soltanto dei campioni creativi e non risultati finali. La prima meta nella terza dimensione deve essere il raggiungimento di strutture senza cristallizzare. Un amore vissuto in modo sbagliato (solo di questo si tratta come struttura e forza della luce) si deposita nella memoria del cervello del plesso solare come qualunque azione o ricordo, quale sta soltanto come sintomo per un sentimento base, ma richiede una soluzione. Non ha alcun'importanza l'azione e neanche la questione d'innocenza o colpa. Ci siamo appropriati questo sentimento, di usare questo aspetto dell'amore così che posso avere più forza creativa?
Questa posso soltanto raggiungere se ho vissuto ed elaborato tutte queste situazioni.

Tutte queste opere costruite dalla materia originale divina con i pensieri, sentimenti ed azioni devono essere di nuovo armonizzate. (In caso di disarmonie che trovano una soluzione svaniscono anche le malattie a loro collegate). Adesso posso avanzare un gradino sulla scala dell'albero della vita, devo però nello stesso tempo accettare un nuovo compito come insegnante ed aiutante per quelli che non possono ancora avanzare.
(Naturalmente ognuno deve, nel senso figurato, ordinare la propria stanza, prima di essere ammesso nel salotto buono, chiamato "unione").

Reincarnazione

Perché reincarnazione?
Nella coscienza umana succede uno sviluppo simile a quello nell'embrione umano. L'embrione passa in veloce successione tutto lo sviluppo storico della specie. Lo sviluppo porta dall'abitante del mare con le branchie sino all'abitante della terra uomo. Questo sembra una buon'immagine per la ripetizione e continuazione dello sviluppo mediante reincarnazione.
L'uomo ha due centri di coscienza principale. Il centro superiore, situato nella testa, con l'ego che continua lo sviluppo, ed il centro divino, che si trova vicino al cuore e cresce nella misura delle nostre azioni (principio di Cristoforo). Il centro per il controllo e le registrazioni si trova nell'intreccio solare e provoca reazioni del corpo con comportamento sbagliato nelle regole divine (Questo può provocare anche la morte fisica). Se l'uomo dovesse nascere soltanto una volta per lo sviluppo divino, non avrebbe nessuna possibilità di riuscita di raggiungere la meta e quella delle anime che seguono. Lo sviluppo si fermerebbe in questo caso già al minerale. Perché parallelamente sul livello raggiunto si ha lo sviluppo di corpi e strutture sempre più dotati ed elevati. Il principio vale anche per i livelli di dimensioni più elevati. In questo modo l'uomo svolge un lavoro di pioniere sul campo, nel quale alcuni si sono già elevati in regni spirituali e gli altri cercano ancora da questa parte di sollevare tutto il campo.

Le anime seguenti, che nel momento ci sono affiancate su livello spirituale, saranno poi i nostri alunni.

La reincarnazione è paragonabile con un viaggio di una nave. Nel momento che la nave lascia il suo porto e prende la sua rotta teorica non arriverebbe mai al porto prescelto se non è azionato alcuna correzione. Tutti questi venti, correnti e difetti del timone rispecchiano le avversità che incontra l'anima sul suo cammino di sviluppo. Tutti i sentimenti, sviluppi, esistenze e la meccanica del cosmo sono elementi che influenzano il nostro cammino in varie direzioni. Si rendono necessarie delle correzioni se un'anima ha uno sviluppo errato. Per questo la saggezza divina progetta il cammino dell'anima in diverse tappe. Una stazione grande per la correzione e lo stato dopo la morte, dove possiamo ancora imparare e valutare cosa è successo. Nel piccolo serve il sonno a questo.

Nel caso di un uomo che sfrutta altri e si arricchisce oltremisura in un'altra vita prenderà la decisione di correggere questo squilibrio e sarà poverissimo. Così stabilirà l'equilibrio per il suo cammino. La stessa procedura è valida per ogni proprietà e sentimento e la sua soddisfazione. Ogni azione estrema ha questa reazione. Se un uomo pensa di vivere in completa ascesi ed estrema dedizione a Dio è la via giusta e dona tutti i suoi beni, in un'altra vita dovrà essere un uomo ricchissimo per compensare questo.

La via reale si trova certamente nel mezzo. Tutto questo è naturalmente nel senso dello sviluppo una questione d'atteggiamento. Ad un uomo può arrivare tutto senza alcuno sforzo da parte sua e vive felice e contento la giornata senza il sentimento dell'accumulo di beni ecc. con questo voglio dire che, essere ricchi può avere due significati. Una ricchezza naturale voluta da Dio (che possiamo avere tutti) e dall'altra parte la ricchezza patologica basata su inganno, slealtà, possibile anche combinata con la paura di perdere tutto questo. Così un giorno l'anima giunge un giorno allo stato dell'altro porto (coscienza più elevata/ avanzamento del livello di sviluppo). Il circondario dell'intreccio, del modello (paragonabile con un tappeto sul telaio) ha integrato tutti i profili delle personalità. Questo permette al bambino interno in accrescimento di elevarsi. L'uomo nuovo trascorre tutte le stazioni descritte in precedenza. Questo si svolge con gioia e leggerezza. Cresce una profonda comprensione per tutti gli esseri umani che stanno ancora combattendo e fa diventare quest'anima un loro aiutante.

Pensieri generali sulla vita

Sono troppo belli i momenti che possiamo vivere in felicità ed illuminazione. È la vita in un posto bello, con il sole che ci scalda, a contatto con la natura nelle montagne, al mare, con le persone care, che vibrano sulla nostra stessa frequenza. La circolazione della vita si trasmette in modo differente dall'uno all'altro. Facilmente si creano invidia, gelosia ed altri sentimenti ed azioni disarmonici in quelli che non hanno capito queste regole. Questo porta poi ad un comportamento sbagliato come avarizia o avidità. Il risultato è la distribuzione errata dell'abbondanza. Questo significa che un uomo si arricchisce e non si accorge che la causa della sua ricchezza è quella di aver buttato tanti altri in gran sofferenza. Non voglio dire con questo che io sono un seguace dell'idea comunista. Persone mature si porterebbero automaticamente in una situazione simile al comunismo senza cercare un nome per questo. L'unica differenza sarebbe, che la distribuzione avverrebbe secondo la misura della quantità da imparare che è la misura del singolo individuo. Abbondanza è distribuita secondo canoni spirituali se non avviene un'errata ricchezza a causa del sopraccitato comportamento sbagliato. Anche in quel caso lo è spesso un'azione educante dal mondo spirituale. Solo poche persone, che sono molto ricche, sono quel che si potrebbe dire molto felice. I più s'isolano e perdono per questo una parte della loro fiducia innata, che è la chiave per il cuore dei suoi vicini.

La conseguenza naturale per la paura di una perdita materiale è un indurimento e non si parla invano del cuore di pietra. Si dice anche che uno che da via tutto vince tutto. Non voglio dire a nessuno di regalare tutti i suoi beni per poter essere felice. Necessario è soltanto un cambiamento nell'atteggiamento per portare all'impiego mirato di una gran parte dei beni materiali aiutando quelli che sono caduti in povertà senza propria colpa. Solo in questo modo si può compensare quello che si genera su livello spirituale.

Noi apparteniamo ad un campo di gruppo il quale ci fornisce con abbondanza o povertà secondo il contenuto da imparare.
Il singolo individuo come somma dei suoi compiti corporei, è sempre alla ricerca per la realizzazione dei suoi sogni su livello orizzontale. La soddisfazione del suo stato emozionale si rende possibile con il ricevimento di luce (amore divino) da parte dei suoi prossimi, che donano parte della loro luce. La luce deriva da quella ricevuta mediante donazione prenatale e da parte dei suoi prossimi. Persone che credono di avere un deficit in questo senso, possono diventare veri e propri ladri d'energia. Questa storia e come funziona è descritta molto bene nel libro di James Redfield "la profezia di Celestine". Il senso e raggiungimento dell'abbondanza è quello di aumentare l'amore con la luce divina, ed il lavoro di gruppo che serve a questo la forza si moltiplica secondo le regole divine. Nell'orientamento non egoistico dell'individuo segue anche la ricezione di luce in uno stato simile alla meditazione, una sorta di sollevamento interno ed illuminazione. Le condizioni sono la verità di un orientamento sincero ed abbandono di tutta l'attività di pensiero collegata con l'assoluta volontà di servitù al principio più elevato. In quel momento, secondo del grado di verità, avviene una sensazione che porta dal semplice sentir passare sino all'assomiglianza di un flusso come acqua o corrente elettrica. Se la frequenza del vissuto era molto elevata rimane ancora per molto tempo la sensazione di contentezza ed elevazione nel quale piccoli dispiaceri della vita non influenzano più per niente.

Questo stato d'anima servirebbe soprattutto ad individui che soffrono di depressioni, perché è di grande aiuto per dissolvere questi. Persone che hanno questo flusso di luce in misura più elevata, possono portare conforto a persone sofferenti e qualche volta portare alla guarigione di malattie. Il raggio individuale di luce fa il suo passaggio dalle esperienze del livello materiale con tutte le sue sfaccettature dal minerale, all'uomo e poi al divino oltre la materia. Nella sua discesa dall'alto al basso perde la sua centratura divina. L'informazione originale rimane intatta soltanto in una minuscola parte di se stesso. In questa parte è contenuta la possibilità di sviluppo dell'essere divino di Cristo con l'aiuto dell'ego servile nell'uomo materiale. Il raggio proveniente dall'alto (in senso di dimensione) raggiunge l'uomo percettivo ed inizia ad allineare tutte le parti dell'uomo in sviluppo non in direzione. Tutte le situazioni che non hanno uno svolgimento armonico, come la venerazione del proprio ego (vitello d'oro), portano alla malattia. Per la cura dell'anima possono essere in grado persone spirituali dotate e medici o altri addetti in quel campo particolarmente saggi per aiutare il corpo fisico. Tutta la vita è direzionata verso l'accrescimento, l'individualizzazione e la moltiplicazione delle possibilità per un cielo positivo. Si potrebbe dire che la coscienza di Dio cresce e si vive nelle possibilità predestinate della natura in ogni dimensione dell'esistenza. Lo sviluppo si espande in forma di spirale dall'alto in basso e viceversa.

Ogni tappa dello sviluppo regge e nutre la tappa inferiore. Su tutti i livelli di sviluppo si presenta un continuo interscambio di correnti e vortici. Nel regno della natura con l'equilibrio della sua esistenza di struttura spirituale, sono conservate tutte le cose che contiene. Se una certa parte di un gruppo di sviluppo (per esempio l'umanità) raggiunge una maturità sufficiente nella frequenza e centratura, può fare il passo per accedere ad un altro grado più alto della coscienza. Questo succederà per forza perché la legge divina non permette arresto. Nel caso di troppa larghezza di banda per appartenenti di un gruppo morfogenetico, succede una suddivisione e per una parte un avanzamento in nuove forme di coscienza.

Nuovo =   sviluppo in campi di coscienza elevati

Vecchio = un giro indietro sulla spirale per un esperienza
            rinforzata

L'essenza del mondo naturale è il legame a condizioni statiche. Niente è più difficilmente superabile come le abitudini. Tutto l'operato delle tradizioni si basa su questo. La nostra tradizione invece dovrebbe essere la centratura e l'accrescimento. Naturalmente anche le tradizioni hanno il loro senso per le anime prive d'orientamento. In un campo dinamico loro si perderebbero, perché per l'istruzione della loro struttura interna hanno bisogno di un aiuto esterno, altrimenti diventerebbero un giocattolo per forze basse e caotiche (di mentalità).

Si rende efficace di nuovo la legge dell'impronta, indispensabile per le anime embrionali, per potersi sperimentare.
L'anima incosciente ancora centrata non sa ancora della sua centratura. Dopo la suddivisione del suo essere si crea la prima immagine nella sua polarità, per potersi riconoscere e dire: "Questo sono io".
L'esperienza fatta ritorna dalla sua asse ancora centrata a dimensioni più elevate ed intermediari (Ade/ stato intermediario/ vedi pag. 14). Si deposita nell'ambito personale e quello d'Akasha come informazione vivente.
Il vissuto su livello inferiore è trasformato in alto e porta in livelli superiori ad aspetti creativi della nostra anima individuale nell'interno dell'orchestra divina. In questo modo ritorno di nuovo a replicare quello che ho menzionato all'inizio. L'uomo si crea con la sua vita corporea l'attrezzatura per livelli creativi spirituali. Tutta l'attrezzatura fabbricata in modo errato deve essere per un futuro impiego riparata (armonizzata). Su livello spirituale creativo (nel sonno e dopo la morte) vediamo ed impariamo l'applicazione delle possibilità di correzione e migliorare l'attrezzatura. Questo stato di coscienza molto ristretto nel mondo materiale è necessario per permettere la raffinazione (impronta) senza aggravare sulla coscienza Si devono sempre di nuovo trovare le verità nella struttura del linguaggio divino, perché sono sottoposti come unità più piccola ad una simmetria essendo nella struttura statico, geometrico ed invariabile.

Nelle strutture assemblate grandi la forza principale dovrebbe essere gioia e felicità. Entrambi sono degli stati d'anima che molte persone devono raggiungere di nuovo. Ho menzionato già in precedenza due ostacoli a questo, avidità ed avarizia. Esistono altri freni nel comportamento della società e di idoli sbagliati. La frustrazione e lo stress che si manifesta nell'aura è percepito soprattutto da anime sensibili di bambini. Questi si ritirano (spiritualmente) come una mimosa i suoi fogli e non sviluppano pienamente le loro capacità spirituali. Dalla sottomissione si crea un circolo sfizioso della resistenza che può portare a difetti fisici e blocchi mentali. Curare questo richiede spesso un lavoro di decine di anni durante i quali le loro anime hanno messo sotto pressione altre più giovani. L'umanità ha bisogno per il suo sviluppo di idoli e saggezze elevate che mostrano l'integrità dell'uomo. Soltanto in questo modo riescono arrivare a dimensioni più elevate. Idoli del cinema in film con contenuti sempre uguali ma involucri diversi non riescono nemmeno stuzzicare l'uomo a cambiar idea. La stessa trama con gli stessi stimoli ed aspettative riescono soltanto appiattire il pensiero dell'uomo. Non si deve dimenticare che l'uomo riproduce quello che ha visto nel film al suo interno ed amplifica così l'immagine per l'umanità. Questo vale in modo particolare per immagini estreme e violente.

Su livello spirituale di questo mondo si accumula quest'immondezza ed influenza di nuovo l'uomo a fare cose simili e così un uomo frena l'altro. In fondo l'uomo vuole armonia e felicità, nel modo come si vede nello sfruttamento pubblicitario (la pubblicità non funzionerebbe se non veniamo toccati internamente). La grande massa è volontariamente tenuta a basso livello intellettuale, perché un uomo cresciuto nella maturità non è più così facilmente sfruttabile. Il privilegio di pochi sembra di essere ancorato bene nelle usanze umane. Il materialismo, che ci affascina nei suoi bisogni fondamentali, è però inferiore alla maturità e la connessa luce. Se nella vita fosse possibile regalare almeno a 2 persone l'amore risultante dalla luce, quest'incubo sarebbe presto finito. Si potrebbero subito scoprire questi movimenti che con la loro aria gentile (maschera) vogliono ingannare il mondo. Come si dice nella bibbia: " Li riconoscerete dai loro frutti". La possibilità di autofornirsi con energia dell'uomo richiamerebbe subito forze contrarie. Non cambia niente il combattimento contro di loro, ma l'opinione e la fiducia per il prossimo. Anche in questo caso è valido il detto: "Odio aumenta l'odio e l'amore aumenta l'amore". Con un'opinione simile bisogna iniziare. Il seme per il futuro di se e gli altri si trova nei pensieri. Bisogna beatificare le cose internamente e donarli la luce, in questo modo possono aumentare la loro frequenza.

Io credo ad uno sviluppo positivo dell'umanità. Andando più avanti l'umanità riconoscerà la sua incompletezza e non risolverà i conflitti interni con soluzioni esterne per es. guerra ecc. Catastrofi naturali sarebbero la reazione della terra se non sono scaricate le energie negative create dall'uomo. Nel caos della ripartizione dei beni l'uomo diventa di nuovo un attrezzo nelle mani di forze che da una parte vendono armi e dall'altra creano dipendenza causata da dubbiosi commerci. Chi si presta una volta a collaborare, difficilmente può uscire da queste faccende. Essendo poi ricattabili sono senza propria volontà per eseguire tutti gli ordini che gli altri hanno in mente per fare spettacolo in questo teatro del mondo per produrre emozioni (che contengono luce). Un'altra impronta si riceve con il cibo. Cibo con poca forza di luce porta alla malattia ed innesca il ciclo vizioso della cura inadeguata e la dipendenza dalle persone curanti ed un indebolimento della creatura interna.

Nel momento che le persone sono costretto di lavorare per gli altri esiste sempre il pericolo di una ripartizione inadeguata del salario. Da questo risulta una riduzione della libertà e della possibilità di sviluppo. Noi impariamo da questo in questo mondo duale, ma non dobbiamo perdere d'occhio la nostra meta come creatura divina. Attualmente l'umanità è legata dalle massmedia a canoni di comportamento per esempio i famosi soapoperas, film polizieschi ed altre trasmissioni demenziali che sono sempre della stessa impronta producendo nell'uomo una forma d'energia, rinforzando la ripetizione di un comportamento sempre uguale.

In certi gruppi esoterici quest'energia è chiamata essenziale ed elementale. Questi elementali cercano sempre di assorbire l'energia dal suo produttore. Così le forze dell'universo continuano a fluire e noi esseri umani creativi dovremo osservare ed usufruire in modo positivo queste forze.

Epilogo

All'inizio la mia opinione era che un libro dovesse avere un certo spessore. Ma troppi temi e dettagli possono anche sovraccaricare un libro inducendo il lettore di metterlo via dopo la metà del libro. Sarebbe un peccato, perché ogni buon libro segna un cerchio nel settore spirituale per gli interessati. Anche qui la santa geometria della luce è efficace. Il cerchio, il quadrato ed il triangolo sono gli elementi di tutta la vita. Su questi si basano altre geometrie composte ed elevate come si può osservare in un cristallo di ghiaccio.

	Modello di luce = >	cresce dal modello (cristallo)
Cristallo	modello di vita – rigenerazione ---	uomo
	Modello d'emozione = >	affiora dalla vita (uomo)

Su livello superiore le due componenti della coscienza umana rappresentano un'unità e facilita la rigenerazione sia dell'una che dell'altra parte per inerzia (Principio della libertà).
Nella nostra vita terrestre ci moviamo in questo triangolo tra coscienza superiore, spirito e sentimento. Nei livelli superiori deve essere imparato di usufruire della forza creante e delle frequenze (colori).
Mi auguro che tutti i lettori possano centrarsi ed allinearsi con il suo prossimo. Forse questo libro Vi ha dato un altro impulso per riuscirci.
Con auguri pieni di luce

Wolfgang Meyer

Quanti pensieri sulla vita e sull` amore sono stati già Redatti?

Tutta la vita tratta di questo…

L´autore dal contatto con il mondo spirituale ha elencato una guida per le varie fasi di svilupo dopo la vita.

Viene dimonstrato la struttura delle 7 fasi sviluppo cosi come alcuni stadi del sviluppo all`interno di questi.

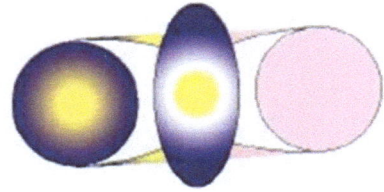

Dal mondo spirituale per quelli che vogliono crescere e sapere il "Perche"